AF562426

DE LA FORME CONSTITUTIVE DES LOIS.

PAR J.-B.-C. MANÉHAND,

AVOCAT.

Rogante magistratu, populus spondebat se ratam legem habere, tumque constituebat.

Lexicon juridicum. V° LEX.

PARIS,

CHEZ LES MARCHANDS DE NOUVEAUTÉS.

JUILLET 1814.

AVERTISSEMENT.

Il se présente une question dont il ne paraît pas que la pensée publique se soit encore occupée. QUELLE EST LA FORME A DONNER AUX LOIS, D'APRÈS LA CHARTE CONSTITUTIONNELLE ? J'ose invoquer, sur cette question de premier intérêt, toute l'attention de la PUISSANCE LÉGISLATIVE. Le temps m'a manqué pour l'approfondir et l'examiner sur toutes ses faces; mais, comme il est urgent d'en délibérer, j'ai jeté à la hâte, sur le papier, les réflexions qu'elle m'a fait naître. Mon Ouvrage est imparfait, sans doute ; mais je le crois utile, et je le publie.

DE LA FORME
CONSTITUTIVE
DES LOIS.

Si la matière constitue les êtres, c'est la forme qui les distingue ; c'est par leur forme qu'ils frappent nos sens ; c'est par elle qu'ils nous sont connus.

Il en est de même au moral.

Pour que la pensée existe, il faut qu'elle revête une forme. La forme de la pensée est l'*expression*, qui permet à l'esprit de la saisir, de la retenir, de la communiquer.

De toutes les pensées de l'homme, la plus haute, la plus importante, est celle qui, produite par une sorte de sentiment commun, et reçue par le consentement de tous, soumet chacun à sa puissance : c'est la Loi.

Mais pour que ce produit de la pensée commune, ce resultat de la volonté générale oblige également et respectivement la société entière et chacun de ses membres, il faut qu'une forme imposante et solennelle le constitue LOI; il faut que le caractère de cette loi se reconnaisse à des signes certains, manifestes, invariables; il faut que le concours des autorités dont elle doit émaner y apparaisse évidemment; et ce n'est qu'après l'accomplissement des formalités (1) consacrées, que la puissance publique (qui réside dans la personne du Prince) peut exiger l'obéissance des sujets.

Régulateur impassible des actions humaines, agitant tous les intérêts, fixant les droits et les devoirs, distribuant l'honneur et l'infamie, exerçant un droit continuel de vie et de mort sur la population; rien de plus auguste, rien de plus sacré, rien de plus redoutable que la loi.

---

(1) Il ne faut pas confondre la *forme* avec les *formalités*. La forme d'un acte est ce qui le constitue tel; les formalités, au contraire, ne sont que des conditions étrangères à l'acte, établies à part, et prescrites seulement pour son authenticité ou son exécution, comme le *timbre*, l'*enregistrement*, la *grosse*, etc.

Tous égaux devant la loi (1). Le droit de concourir à sa formation doit nécessairement appartenir à *tous ;* car un seul ne peut connaître ce qui convient à la masse entière. Cette incontestable vérité est consacrée par une ancienne maxime de droit : *Lex communis esse debet, ergo de uno ferenda non est* (2).

Ce principe vient de recevoir une nouvelle sanction par la charte constitutionnelle qu'un monarque si cher à la France, et si long-temps désiré par elle, lui a récemment *octroyée.* Puisse-t-il, pour le bonheur de la nation, occuper long-temps un trône dont il serait si digne par ses vertus, quand il n'y serait pas appelé par sa naissance et par son droit héréditaire !

Mais la charte constitutionnelle n'a pas déterminé la forme sacramentelle qui doit être donnée à la loi ; seulement elle dispose :

« Art. 15. La puissance législative s'exerce « collectivement par le Roi, la Chambre des

---

(1) Article Ier de la charte constitutionnelle.

(2) LEXICON JURIDICUM. Verbo *lex*.

« Pairs et la Chambre des Députés des Dé-
« partemens.

« Art. 16. Le Roi propose la loi.

« Art. 18. Toute loi doit être discutée et « VOTÉE librement par la majorité de cha- « cune des deux Chambres.

« Art. 22. Le Roi seul sanctionne et pro- « mulgue les lois. »

Aucune autre disposition constitutionnelle ne s'applique *à la forme* de la loi; mais ce qui la constitue *loi*, ce qui la distingue essentiellement des réglemens, des déclarations, des ordonnances, des arrêtés et autres actes du gouvernement, c'est,

1°. La proposition royale;

2°. LE VOTE LIBRE des deux Chambres;

3°. La sanction;

4°. La promulgation.

Tels sont les caractères spéciaux dont la loi doit être constitutionnellement revêtue, et sans lesquels la loi n'est point.

Il faut que ces caractères soient patens, qu'ils soient connus, pour que le nom seul de la loi puisse obliger à exécuter ses dispositions.

S'il n'existe point de différence visible, palpable, matérielle, entre une loi et un acte réglementaire, si le *contexte* de la loi VOTÉE par les deux Chambres est le même que celui d'une ordonnance émanée du propre mouvement du Roi; ces actes seront les mêmes aux yeux du peuple; alors, soit que l'on demande le consentement des Chambres, soit que l'on juge possible de s'en passer, le peuple l'ignorera toujours, et à quel titre alors exigera-t-on son obéissance?

La charte n'ayant point explicitement déterminé la forme de la loi, ni réglé le mode de sa promulgation, le Roi y a suppléé par un réglement adressé aux deux Chambres, et dont l'objet est de régler et la forme de leurs communications et la forme de la loi.

Voici celles des dispositions de ce réglement qui sont spécialement relatives à ce dernier objet, le seul qui nous occupe.

TITRE III.

*De la forme des Lois proposées par le Roi, et de l'*ACCEPTATION *des Chambres.*

« Art. 2. La loi proposée est rédigée en « forme de loi, signée par le Roi, contre-

« signée par un ministre, et adressée à la « Chambre à qui le Roi l'envoie.

TITRE IV.

De la sanction et de la promulgation des Lois

« Art. 1er. Le Roi refuse (1) la sanction « par cette formule : *le Roi s'avisera......*

« Art. 3. Le Roi sanctionne les lois *qu'il* « *a proposées*, en faisant *inscrire sur la* « *minute* que ladite loi, *vérifiée* et *acceptée* « par les deux Chambres, sera publiée et « enregistrée, pour être exécutée comme loi « de l'Etat. »

Avant d'examiner si cette forme est exactement constitutionnelle, si le mode adopté pour la promulgation est suffisant, qu'il nous soit permis de nous arrêter un moment sur les mots *vérifiée* et *acceptée* que contient cet article 3.

---

(1) On ne voit pas sur quoi peut jamais s'établir le motif de refuser la sanction d'une loi que le monarque est maître de proposer ou de ne pas proposer.

L'article 18 de la charte porte que la loi doit être VOTÉE LIBREMENT, et quelques jours après la publication de cette charte, au moment même où elle va être mise en activité, déjà les expressions en sont changées, le sens en est altéré. D'autres mots, exprimant d'autres idées, sont substitués aux termes qu'elle a consacrés; déjà ce n'est plus le *vote de la loi*, c'est sa *vérification*; ce n'est plus son *adoption*, c'est son *acceptation*: bientôt ce ne sera plus que son *enregistrement*, bientôt sa *transcription*, bientôt......

Mais reprenons.

C'est d'après ce réglement que, le 5 de ce mois, une *loi sur la liberté de la presse* (et non un *projet* de loi) a été (non pas *proposée*) mais *adressée* à la Chambre des Députés, pour y être (non pas *votée*) mais *vérifiée*.

Voici la forme sous laquelle cette loi a été présentée :

LOUIS, par la grâce de Dieu, Roi de France et de Navarre, (1) *à tous ceux qui ces présentes verront*, SALUT.

---

(1) Cette formule, *à tous ceux que ces présentes verront*, n'était en usage, dans l'ancienne Chancel-

Voulant assurer à nos sujets les bienfaits de la charte constitutionnelle, etc.

A CES CAUSES, *de l'avis de notre Conseil*, nous avons arrêté et arrêtons, ordonné et ordonnons ce qui suit :

TIT. Ier. . . . .

Donné à Paris, au château des Tuileries, le 5 juillet 1814 et de notre règne le vingtième. *Signé* LOUIS.

Il faut le dire; rien dans cette loi ne rappelle les formes constitutionnelles; rien n'indique *la puissance législative qui s'exerce collectivement par le Roi, la Chambre des Pairs et la Chambre des Députés*. C'est le Roi seul, de l'avis de son Conseil, qui se montre proposant, rendant, sanctionnant, promulguant la loi. C'est la seule autorité du Roi qui se produit. On chercherait en vain, dans une telle rédaction, la garantie et la

---

lerie, que pour les lettres-patentes et déclarations du Roi. Celle qu'on employait dans les édits et ordonnances, véritables lois de l'Etat, était, de tout temps, *à tous présens et à venir, salut.*

certitude que les formes constitutionnelles ont été respectées, et que la loi émane véritablement de LA PUISSANCE LÉGISLATIVE.

La forme des lois a, dans tous les temps, changé avec leur objet.

Lorsque le but de la législation est l'intérêt commun, la loi en porte l'empreinte. La volonté, ou le consentement de tous étant nécessaire, il y est formellement exprimé; mais lorsque l'objet de la législation est l'intérêt spécial du Gouvernement, la loi n'a besoin que d'exprimer la volonté du prince, il peut seul alors lafaire connaître; il suffit à ses ministres d'intimer ses ordres à ses sujets, suivant le mode qui s'approprie le mieux aux circonstances. Ce n'est plus, en ce cas, au nom de tous, mais au nom du monarque que les ordonnances sont rendues, publiées, exécutées comme lois de l'Etat.

Et pour que l'on ne qualifie point ces propositions de *subtilités*, de *vaines théories*, de *ridicules abstractions*, d'*absurdes chimères* (car c'est ainsi que l'on en use pour proscrire tout raisonnement un peu embarrassant), pour justifier, dis-je, par des faits certains, des monumens historiques, des actes authentiques et irrécusables, que c'est toujours par un empiétement du pouvoir sur les droits imprescriptibles des nations, que les lois, d'abord consenties par le peuple, ont fini par n'être que l'expression de la volonté du prince, toujours incité, par ses courtisans, à se rendre dans leur intérêt, juge, législateur, enfin maître absolu.

Il est, on le sait, dans l'administration d'un grand Etat, des ordres émanés du Gouvernement qui doivent recevoir une exécution aussi prompte, aussi entière, aussi absolue, que la loi elle-même. En effet, tout n'est pas *matière de loi* (1), la loi doit seulement fixer les principes et établir les bases d'après lesquelles la justice doit être rendue, la police exercée, les contributions perçues, les dépenses acquittées, etc., etc. Des réglemens, des instructions, des ordres particuliers, sont nécessaires pour diriger les détails, lever des difficultés; en un mot, *faire*,

(1) La charte constitutionnelle n'a pas suffisamment distingué les objets que la loi doit régler, de ceux qui peuvent être décidés par le Gouvernement, par l'administration publique, même par les autorités locales.

comme on dit, *marcher la machine;* mais ces décrets spéciaux ne peuvent avoir et n'ont jamais eu, même sous le monarque le plus absolu, et quoique également émanés de sa puissance, ni les mêmes formes, ni la même solennité ; ils n'ont jamais imposé le même respect, obtenu la même soumission que ce qui était considéré comme loi.)

Les Romains (car, quoi qu'on en ait, il faut bien parler de ce peuple, qui, après avoir subjugué les Gaulois, nous a encore soumis à ses lois) les Romains donc avaient connu et établi cette distinction, dès le moment de leur réunion, où, pour mieux s'exprimer, de leur rassemblement.

Parcourons rapidement cette longue série de lois qui, tour à tour, ont régi la terre, depuis la fondation de Rome jusqu'à nos jours; non pour y chercher l'esprit de la législation (à cet égard, il suffit de lire Montesquieu), mais pour connaître et apprécier les diverses formes sous lesquelles ces lois ont été données aux nations, soit qu'elles aient été faites avec leur consentement, soit qu'elles leur aient été imposées par la force.

Dans le principe, les lois romaines avaient été faites par le concours des Rois et du Sénat.

Après l'expulsion de Tarquin, elles furent faites par le Sénat, et approuvées par le peuple. Il y eut dès les premiers temps des lois, des plébiscites, des sénatus-consultes et des édits du préteur.

Les *lois* se faisaient par le Sénat et par le peuple réuni en comices et assemblé au Champ-de-Mars. Les *plébiscites* étaient l'ouvrage du peuple seul; ils étaient portés sur la provocation d'un tribun. Par la suite, ils devinrent *lois*.

Les *sénatus-consultes* étaient des décrets, des arrêtés du Sénat, sur des objets d'administration publique, ou des décisions sur quelques objets particuliers.

Les préteurs rendaient des *édits* par lesquels ils statuaient sur telle ou telle matière de leur compétence.

Une lettre de Cœlius à Cicéron conserve la formule d'un sénatus-consulte. En voici le cadre :

Sen. cons. autoritates..... in œde Apollinis scribendo affuerunt. N. N. N...

La décision était conçue en ces termes :

Item Senatui placuere.

Ensuite des dispositions, il était fait mention de l'accession des tribuns par ces mots :

Huic senatus-consulto intercessit N... N... trib. pleb.

Alors le peuple, non seulement avait connaissance du sénatus-consulte, mais il savait que cet acte du Sénat avait reçu la sanction de ses tribuns, et il y obéissait.

Auguste (bien qu'il se fût emparé de tous les pouvoirs, en réunissant dans sa main tous ceux que le peuple s'était imprudemment attribués) ne laissa pas de présenter encore les lois à l'acceptation des Romains. Mais Tibère se débarrassa bientôt de ces entraves ; il ne demanda plus au peuple un consentement qui semblait mettre des bornes à son autorité. Il se contenta de présenter ses décrets au Sénat, certain que ce corps les accepterait sans difficulté. Façonnés à la servitude, les sénateurs *de ce temps-là* ont, depuis, félicité Néron du meurtre de sa mère, et décrété la *sauce* du turbot de Domitien.

Après cette série d'épouvantables tyrans, on ne fit plus de *lois ;* les *responsa pruden-*

2

tium en tinrent lieu jusqu'au règne de Justinien.

Sous cet empereur, on colligea les anciennes lois, on les tria, on les arrangea dans l'ordre le plus favorable à la puissance impériale, et l'œuvre du jurisconsulte *Tribonien* devint le code de l'empire.

Les successeurs de Justinien renchérirent à l'envi sur les dispositions qui augmentaient les prérogatives impériales ; jusqu'à ce qu'enfin l'Empereur fût proclamé LA LOI VIVANTE (1).

---

(1) *Cui* (imperatori) *et ipsas Deus leges subjecit*, legem animatam *eum mittens hominibus*.

Coll. 8, tit. VI, nov. 105, cap. 2.

Un certain Gilles de Nocera (*Ægidius Nucellensis*) a exprimé la même idée dans un mauvais vers latin :

Quæ vult Rex fieri sanctæ sunt consona legi.

Et les amis du pouvoir absolu l'ont cité à tout propos ; et voilà ce que l'on a appelé des *autorités*.

La législation française a éprouvé de semblables variations.

On remarque, dans la série de nos lois, la même tendance du pouvoir à se concentrer; on le voit, par degrés, parvenir au même résultat.

(2) Sous les Rois de la première et de la seconde race, les lois n'étaient pas l'expression de leur seule volonté : c'était la nation assemblée qui en délibérait au Champ-de-Mars, dans les *placités* généraux.

En lisant les *Capitulaires*, on voit que, proposés par le Roi, ils ne devenaient *lois* qu'après que le peuple y avait donné son consentement.

Le texte de ces capitulaires en contient une mention expresse : *Consensu populi et constitutione regiâ.*

---

(1) Je n'apprends rien qu'on ne sache, sans doute; mais il faut répéter, car tout s'oublie, ou, du moins, l'on feint d'oublier. Nombre de gens n'aiment point (dans les autres) l'exercice de cette faculté qu'on nomme *mémoire*.

Les lois de *Louis le gros* énoncent formellement la présence et le consentement, *par écrit*, de tous ceux qui concouraient à leur formation. *Adstantibus in palatio nostro, quorum nomina subdita sunt et signa.*

Sous *Philippe-Auguste*, les lois portaient les noms de tous ceux qui y avaient concouru ; elles faisaient mention de leur consentement : *Unanimiter convenerunt et assensu publico firmaverunt.*

Voici la formule des lois sous *Louis VIII :*

Ludovicus, etc., *noveritis quod per voluntatem et assensum* archiepiscoporum, episcoporum, comitum, baronum et militum *regni Franciœ, fecimus stabilimentum*, etc.

..... *In cujus rei testimonium et confirmationem prœsentibus literis sigillum nostrum fecimus apponi, et* comites, barones et alii prænominati *sigilla sua dixerunt apponenda. Factum*, etc.

Cette formule est déjà modifiée sous *Saint-Louis :* ce n'est plus *par la volonté*, ni du consentement des grands de l'Etat, que la loi est promulguée, c'est seulement de leur *avis ;*

c'est ainsi que s'exprime l'ordonnance de Melun du mois de décembre 1230 : *Noverint universi quod nos, de sincerâ voluntate nostrâ, et de* COMMUNI CONCILIO BARONUM, *statuimus....*

Cependant la loi est encore revêtue de l'accession formelle de chaque baron, qui, à la suite des dispositions de la loi, exprime son consentement par ces mots : *Ego N... ea quæ premissa sunt volui, consului, et juravi.* Ce n'est qu'après la signature des barons que le Roi met sa sanction en ces termes :

Nos autem, ut predicta omnia rata in perpetuum remaneant et inconcussa, in eorum perpetuam memoriam et testimonium, sigilla nostra præsentibus litteris fecimus apponi. Actum, etc.

Les ordonnances de *Philippe III*, son fils, expriment une adhésion moins formelle, et déjà moins nécessaire.

Præcepit Dominus rex et voluit in pleno parlamento quod, etc.

Philippe le Bel termine ses ordonnances par le mandat d'exécution : *Si te mandons et commandons que les choses contenues esdites lettres fasses publier et crier......*

Dans des lettres patentes de *Philippe le Long*, datées de *Crécy*, le 16 août 1321, il est fait mention de l'assistance et de la délibération des *prélats, barons, nobles et députés des communes du royaume.*

Depuis ce temps, la forme des lois se simplifie à mesure que l'autorité se concentre dans les mains du monarque.

Le roi *Jean* adopte une formule nouvelle : *Nous, pour certaine cause, vous mandons que ce faictes, et faictes faire, si diligemment et en telle magnière que il n'y ait deffault de ce faire, à vous et à chacun de vous donons povoir, autorité et mandement espécial......*

Louis XI ne s'assujétit à aucune forme. Les lois ou ordonnances sont rendues de son propre mouvement, *sauf, en aultres choses,* y est-il dit, *nostre droict et l'aultruy en toutes.*

Henri II est le premier qui, par une ordonnance datée de Saint-Germain-en-Laye, le 25 novembre 1548, termine par cette formule, inusitée jusqu'alors : CAR TEL EST NOTRE PLAISIR.

L'ordonnance de *Henri III* sur les plaintes des états de Blois, contient la mention expresse que *c'est après avoir reçu leurs remontrances rédigées et présentées par escript....... et après avoir veu et fait veoir de rechef lesdits cahiers en son conseil privé, auquel assistaient aulcuns princes, seigneurs, officiers de la couronne, et autres grands personnages, qu'il a, par l'avis d'iceux*, FAIT, *statué et ordonné les choses qui s'ensuivent.*

Les édits et ordonnances de notre grand, de notre bon roi HENRI IV, portent le cachet de ses rares vertus. On est touché, on est ému à la lecture du seul préambule de cet édit de Nantes, qui devait être éternel, et que son petit-fils a si malheureusement révoqué....... Mais, sans sortir de notre sujet, considérons seulement la forme des lois sous chaque règne.

Henri IV emploie la formule usitée sous ses prédécesseurs, excepté qu'au lieu des mots *fait*, *statué* et *ordonné*, il se sert de ceux-ci : *dit*, *déclaré*, *statué* et *ordonné*......

Il n'est pas hors de propos de faire remarquer qu'un édit du mois de décembre 1606, enregistré au parlement de Paris le 28 février 1608, ne l'a été qu'à la charge de plusieurs modifications, et entr'autres celle-ci : « Du vingt-neuvième article, seront ôtez « ces mots : *Et que les jugemens et arrêts* « *donnez au contraire demeurent nuls et* « *comme non avenus.* »

Cette faculté de modifier la loi, alors laissée sans inconvéniens aux cours de justice, n'a point été accordée aux deux Chambres; elle avait été déjà refusée à l'ancien Sénat et au Corps-Législatif.

Les lois conservent encore sous *Louis XIII*, du moins dans les premières années de son règne, quelques traces des anciennes formes. Dans l'ordonnance du mois de janvier 1629, sur les plaintes des Etats-Généraux et des assemblées des notables, le Roi dit : AVONS, PAR LEURS AVIS, statué et ordonné, statuons et ordonnons ce qui s'ensuit.

Cette ordonnance, d'ailleurs sage, en quatre cent soixante-un articles, a excité de nombreuses réclamations, et elle n'a été admise par les parlemens qu'avec de grandes restrictions.

Après le ministère de Richelieu, la puissance royale, débarrassée de toute entrave, atteint et déclare le dernier terme du pouvoir. Louis XIV est maître absolu : sa volonté ne rencontre plus d'obstacle. *Si veut le Roi, si veut la loi.* Alors il ne reste plus dans la formule des lois aucun indice de cette ancienne pondération de pouvoirs, pondération si naturelle, si nécessaire même au monarque. On ne voit plus que l'expression sèche d'un maître qui se complaît dans l'exercice du souverain pouvoir.

« LOUIS, etc. A CES CAUSES, de l'avis de
« notre conseil ET DE NOTRE CERTAINE
« SCIENCE, PLEINE PUISSANCE ET AUTO-
« RITÉ ROYALE, nous avons dit, déclaré et
« ordonné, disons et déclarons, ordonnons
« et nous plaît ce qui en suit.....

(*Voyez l'ordonnance civile du mois d'avril* 1667.)

Comme il est de l'essence de toute autorité de tendre toujours à son accroissement, il a encore été, sous *Louis XIV*, ajouté quelque chose à (1) cette formule déjà si impérieuse; et les ordonnances publiées sous son règne, après les mots *déclarons et ordonnons*, contiennent celui tres-expressif VOULONS, et *nous plait*; d'autres portent : *disons*, *statuons*, *ordonnions*, *voulons et nous plait ce qui en suit.*

C'est à ce terme qu'était parvenue la législation, quand un Roi, qui avait apporté sur le trône la sainteté de Louis IX, et la bonté d'Henri IV, convoqua les *Etats-Généraux* du royaume, assemblée dont, sous les règnes précédens, on avait cherché à faire oublier jusqu'au nom.

Sans entrer dans aucun examen des causes, ni des effets de la terrible révolution qui a suivi de cette convocation; nous nous

---

(1) Ce Roi si absolu reconnaissait cependant que le droit d'établir des impôts ne lui appartenait pas. Il fallut que le contrôleur des finances Desmarets fît violence à la conscience de son maître, pour le déterminer à prélever le dixième sur les propriétés. Dieu sait comme cet exemple a été suivi, et ce qu'il en est résulté.

bornerons à faire remarquer que le premier changement qui s'est opéré dans la législation a été l'adoption d'une nouvelle forme de loi.

Le pouvoir législatif résida tout entier dans l'assemblée nationale; le Roi seulement, par une sorte de *veto* illusoire, devenu bientôt ridicule, pouvait, non pas arrêter, mais suspendre momentanément l'exécution d'une loi, par cette formule *le Roi examinera.* Sa sanction au contraire s'exprimait par ces mots : *le Roi consent et fera exécuter.*

Le monarque n'exerçant aucune influence sur la législation, n'était que le *promulgateur des décrets.* C'est ce qu'annonce la formule adoptée : LOUIS, etc. *L'assemblée nationale a décrété, et nous ordonnons ce qui suit :....* Le décret de l'assemblée nationale était rapporté en entier, avec la signature des président et secrétaires; venait ensuite la formule d'exécution.

Depuis la constitution de 1791, cette forme n'a presque éprouvé aucun changement, et même, en dernier lieu, quoique la loi ne fût, à proprement parler, que l'expression de la volonté de *l'Autocrate*, cette forme maintenait le principe. Les sénatus-consultes, ainsi que les lois contenaient la mention qu'ils avaient été rendus par les autorités sénatoriale ou législative, et la promulgation annonçait au moins une sorte de respect pour le principe de la législation.

Les lois portaient : *Le Sénat* ou *le Corps-Législatif a, sur la proposition de l'Empereur, rendu le...... le sénatus-consulte ou le décret suivant;* et les signatures des président et secrétaires du Sénat, ou du Corps-Législatif étaient énoncées.

Examinons maintenant si la forme de la loi proposée à la Chambre des Députés, est conforme à l'esprit et au texte de la charte constitutionnelle ; si elle exprime suffisamment le concours des autorités qui composent aujourd'hui LA PUISSANCE LÉGISLATIVE.

Et d'abord, le réglement du 28 juin est en opposition, en contradiction manifeste avec la charte constitutionnelle du 6 du même mois. Les mots sont changés, par conséquent les idées qu'ils devaient exprimer ne sont plus les mêmes. A qui s'en rapporter ou de la charte, ou du réglement? *A la charte*, dira la nation; *car c'est le pacte social présenté par le monarque lui-même. Au réglement*, dira le ministère; *car il est postérieur, et les Chambres l'ont admis sans réclamation.*

Mettons de côté toutes ces subtilités, toutes ces arguties; abordons franchement la question.

En qui réside la puissance législative?

Elle réside collectivement dans le monarque qui *propose, sanctionne* et *promulgue* la loi;

Dans les deux Chambres qui la *votent librement*, l'*adoptent* ou la *rejettent.*

Les deux Chambres font donc partie intégrante de là puissance législative;

Leur vote est donc nécessaire;

Il faut donc qu'il soit formellement exprimé;

Qu'il soit attesté par les membres des deux Chambres, ou certifié par leurs officiers;

Qu'il soit rappelé dans le texte même de la loi.

Si la loi émanait de la seule volonté du Roi, la formule adoptée suffirait pour faire connaître cette volonté. Mais si le concours des deux Chambres est encore nécessaire, il doit être exprimé hautement, formellement; et la loi doit porter en elle-même la preuve de sa légitimité.

Ce qui émane de la pensée du monarque n'est point une loi, mais un projet de loi (1).

Ce projet, s'il peut, sans inconvénient, être rédigé en forme de loi, ne doit présenter que la série d'articles qui formeront la loi, sans qu'il puisse être à l'avance revêtu des formes de la loi définitive.

Ces formes ne peuvent lui être données par le Roi PROPOSANT, mais par le Roi SANCTIONNANT.

Donc, pour qu'il n'y ait pas confusion; pour que la confusion n'occasionne point le désordre; pour que le désordre n'amène pas les révolutions, il faut (surtout dès les premiers instans de l'établissement d'un nouvel ordre de choses), il faut que chaque pouvoir con-

---

(1) Que dire de la date mise au bas de la loi proposée par le Roi, avant sa présentation aux deux Chambres? Cette date sera-t-elle changée? Sera-t-elle maintenue?..... Combien d'observations se présentent à l'esprit, lorsque l'on examine la forme seule de la loi présentée le 5 juillet!

naisse sa position, l'étendue de ses forces, les limites de son autorité ; il faut que le peuple, qui doit être soumis à la loi, la reconnaisse à des signes non équivoques, à une forme consacrée, qui la distingue de tout ce qui n'est pas la loi ; il faut que cette forme soit en harmonie avec le pacte social et avec l'esprit de la législation ; il faut, puisqu'elle est faite pour la nation, et que la nation doit y coopérer par ses représentans, que *le vote national* y soit littéralement exprimé et rapporté.

Une matière aussi importante exigerait, sans doute, de plus amples développemens ; mais le temps presse. Il suffit, d'ailleurs, de présenter aux deux Chambres un objet d'un aussi grand intérêt, pour qu'on soit assuré qu'il éveillera leur commune sollicitude pour le bonheur public.

Pourrait-on se le dissimuler ? si la violation des formes établies par les lois est le premier pas vers l'arbitraire, le changement des *formes constitutives* de la loi est le présage d'une altération prochaine dans la constitution d'un Etat.

C'est toujours *par les formes* que les principes d'un gouvernement ont changé, que ses bases ont été altérées, que l'arbitraire s'est introduit dans l'exercice de son autorité ; comme c'est à l'abri des formes que les constitutions se maintiennent, que les trônes s'affermissent, que la liberté publique se conserve, que les peuples sont heureux, et par conséquent, tranquilles.

Après tant et de si terribles agitations, le peuple français est convaincu que son salut est dans la monarchie, comme le monarque a reconnu que la liberté publique, dans l'état présent de la civilisation, était le plus solide appui du trône, le plus ferme soutien de la monarchie.

A Dieu ne plaise qu'il s'élève un seul doute sur la sainteté des intentions du prince que le ciel nous a rendu ! Il veut faire, il fera le bonheur, le plus grand bonheur possible du peuple français. Mais il aura des successeurs, et le miracle des bons règnes est assez rare pour qu'il soit permis à la génération heureuse de s'occuper des générations à venir, à qui le bonheur n'est pas promis.

FIN.

www.ingramcontent.com/pod-product-compliance
Lightning Source LLC
LaVergne TN
LVHW020254230826
846091LV00006B/2405
9782011751942